ARISTÓTELES
Vida e Obra

FRANZ BRENTANO

BOOKESS

Tradução parcial da obra *Aristoteles und seine Weltanschaung*, 1911, p. 1 – 32, elaborada a partir da tradução espanhola (*Aristóteles*, trad. Moisés Sánchez Barrado, Barcelona: Labor, 2 ed, 1943) e cotejada com o texto original.

B839a Brentano, Franz.
     Aristóteles – Vida e Obra / Franz Brentano,
     tradução Evandro O. Brito – 1. ed. –
     Florianópolis: Bookess, 2012.
     62 p.

     ISBN: 978-85-8045-323-2
     eISBN: 978-85-8045-325-6

     3.   Aristóteles. 2. Teoria da definição. 3.
     Biografia. 4. Brentano, Franz, (1838-1917).
     4.   História da filosofia. I. Título..
                         CDU: 140

FRANZ BRENTANO

ARISTÓTELES
Vida e Obra

Florianópolis, janeiro de 2012.

4

"A ti, piedoso Eudemo, saúdo qual a um irmão,
e a ti, também, Teofrasto,
o de boca divina, doce como o vinho de Lesbos.
Por haver sido eu ofertado tardiamente
e ser o mais jovem dos seus,
O pai me preferiu ternamente a todos os demais".
(Franz Brentano).

SUMÁRIO

APRESENTAÇÃO

Este pequeno livro apresenta alguns resultados das investigações sobre a vida, a cronologia das obras e as teorias da definição de Aristóteles, tais como foram realizadas ao longo de toda a vida intelectual do filósofo alemão Franz Honoratus Clemens Brentano (1838-1917).

O cuidado e o respeito para com a doutrina do estagirita são marcas explícitas em cada observação e reflexão presentes nesse trabalho, razão pela qual Brentano denominou-se o discípulo tardio de Aristóteles e, por isso mesmo, o preferido do mestre de Estagira.

Em *Aristóteles - Vida e Obra*, Brentano descreve detalhes fundamentais da vida de seu "mestre" estagirita, apresenta uma proposta de desenvolvimento cronológico das obras de Aristóteles e, com base na demonstração dos argumentos que sustentam essa proposta, defende a tese de que há uma coerência nas teorias aristotélicas da definição apresentadas "nos *Tópica*, nos *Segundos Analíticos*, nos livros da *Metafísica*, novamente no livro VI da *Metereologia* e no escrito *De Partibus animalium*" (p. 55).

Seria impossível, segundo as conclusões de Brentano, compreender a harmonia do sistema aristotélico sem relevar o desenvolvimento progressivo das doutrinas presentes nas teses de Aristóteles. Em outras palavras, o ponto central de uma interpretação que busca a coerência nos textos de Aristóteles deveria ser aquele que mais tarde Werner Jaeger chamaria de método genético ou histórico-evolutivo.

Essa edição intitulada *Aristóteles- Vida e Obra*, e apresentada pela primeira vez em língua portuguesa, tem a finalidade de divulgar a diversidade dos interesses intelectuais de Brentano e sua devoção para com a filosofia aristotélica. O texto que compõe a obra em língua portuguesa resultou da tradução dos dois primeiros capítulos da obra *Aristoteles und seine Weltanschaung*, 1911, p. 1 – 32, elaborada a partir da tradução espanhola (Aristóteles, trad. Moisés Sánchez Barrado, Barcelona: Labor, 2 ed, 1943) e cotejada com o texto original.

Finalmente, o livro apresenta a catalogação dos manuscritos de Brentano sobre Aristóteles, tal como foi criada pela Profa. Franziska Mayer-Hillebrand. Este catálogo faz parte do *Índice dos manuscritos de Franz Brentano* e apresenta a disposição dos trabalhos de Brentano na biblioteca Houghton da Universidade de Harvard.

Evandro O. Brito.

INTRODUÇÃO

Aquilo que, entre os conhecimentos, é denominado sabedoria, supera, segundo Aristóteles, todos os outros conhecimentos em valor e dignidade. E ainda, segundo ele, sua contínua contemplação nos torna partícipes da mais alta felicidade de que o homem em princípio é capaz. Todos os biógrafos de Aristóteles estão de acordo acerca desse ponto. Quando, entretanto, expõem a *doutrina aristotélica da sabedoria,* nos apresentam algo tão inarmônico e tão impregnado de absurdos evidentes que ninguém pode ficar satisfeito com semelhante exposição.

Se isso já é o bastante para despertar desconfiança, ainda é mais suspeito seu modo total de proceder nas investigações sobre o pensamento e sobre a doutrina aristotélica. Quando tropeçam com duas teses aparentemente contraditórias, sem aprofundarem suas averiguações, pretendem que existe uma real contradição e, consequentemente, se perguntam qual das duas afirmações contraditórias na exposição será preferível e própria de Aristóteles. O mais fácil, no entanto, seria presumir que aquelas passagens poderiam ser entendidas em outro sentido e que garantisse a harmonia intrínseca. Existiria, assim, a vantagem de que aquilo que, à primeira vista, parecia criar uma dificuldade para a compreensão, aquilo serviria ainda mais para facilitá-la. A necessidade de precisar e justificar duas afirmações aparentemente contraditórias seria um ponto firme para a interpretação de uma e de outra. E, ainda, talvez a explicação da coerência de um juízo com outro exigisse certos conceitos intermediários e, assim, a totalidade do pensamento aristotélico seria descoberta de modo muito mais completo.

Esse caminho é precisamente o caminho que tomei, aproveitando várias indicações esparramadas nas distintas obras. Creio assim haver chegado a um resultado recomendável, de um lado, por sua coerência e, de outro lado, porque, apoiando-se nele, compreende-se muito bem como Aristóteles podia deter-se com alta complacência na contemplação de uma concepção do universo assim configurada.

Certamente, a teoria aristotélica da sabedoria tomada em sua totalidade é, hoje, insustentável e várias partes já foram superadas completamente. Estou convencido, no entanto, de que, se a compreendermos bem, ainda hoje seu estudo pode ser verdadeiramente proveitoso. De minha parte, que ainda jovem comecei a ocupar-me com a filosofia em uma época de profunda decadência para a mesma, não faço mais que cumprir um dever de gratidão ao reconhecer que nenhum mestre contribui mais que Aristóteles ao me iniciar no verdadeiro caminho da investigação.

Certamente que tudo aquilo que recebi foi colocado em relação com as inúmeras conquistas científicas de épocas posteriores. Assim, embora nem toda, muito da herança aristotélica tomou uma forma essencialmente nova. Eu poderia ainda hoje subscrever as seguintes linhas que um dia escrevi em seu álbum a um de meus ouvintes da Universidade de Viena, atendendo a um amável pedido:

De que raça descendo, ouçam vocês, os
condecorados com brasões.
Sou semente de Sócrates, o que produziu Platão.
Platão criou a força de Aristóteles, nunca
envelhecida,
Como não envelheceu a noiva que ele, o amante,
escolheu.
Dois milênios passaram, ainda floresce e dá brotos
aquele casamento;
Ainda hoje me vanglorio de proceder desse
consórcio e não de outro.
A ti, piedoso Eudemo, saúdo qual a um irmão,
e a ti, também, Teofrasto,
o de boca divina, doce como o vinho de Lesbos.
Por haver sido eu ofertado tardiamente
e ser o mais jovem dos seus,
O pai me preferiu ternamente a todos os demais.

São muito instrutivos os múltiplos pontos de contato e concordância entre a teoria aristotélica da sabedoria e a teoria do nosso grande Leibniz. Ridicularizou-se o magnânimo otimismo deste último, mas hoje se começa a ser mais justo com sua doutrina. Seguramente esta sairá ganhando ao notar que a filosofia helenística deu expressão e alta estima às mesmas convicções que o eminente e moderno pensador ensinou, de modo fervoroso, e nas que viu o fundamento de uma vida verdadeiramente humana e digna.

Eu procurei fazer uma exposição concisa, mas, dada a profunda oposição que esta encontra diante das concepções correntes, não foi sempre possível evitar uma demonstração aprofundada e uma refutação das objeções principais. Haveria que ser ainda mais extenso se, com respeito a alguns dos pontos mais discutidos, como, por exemplo, a doutrina do νοῦσ ποιητικωσ (o intelecto ativo), a da obra do Deus aristotélico, assim como a da animação do homem e da origem do gênero humano, não houvesse podido me referir às respectivas explicações que dou em minha *Psicologia de Aristóteles* e em meu tratado próximo a aparecer: *Doutrina de Aristóteles sobre a origem do espírito humano.*

A VIDA DE ARISTÓTELES

Se aos investigadores e cientistas, que sempre estão considerados entre os maiores benfeitores da humanidade, atribuímos superioridade uns sobre os outros, seja por haverem exercido suas atividades nos mais ricos e preciosos trabalhos ou nos mais elevados campos, seja por haverem obtido maiores resultados positivos ou haverem influenciado seus contemporâneos ou sucessores de modo mais amplo e duradouro, seguramente e sob todos esses aspectos, talvez ninguém tenha mais direito que Aristóteles a tal homenagem de gratidão.

Nasceu em 384 d.C., em Estagira, cidade-colônia grega na Macedônia. Seus pais e demais antepassados haviam sido médicos reais daquela nação. Culturalmente, no entanto, poderíamos com mais propriedade definir Atenas como sua pátria, pois, havendo se mudado para ela aos 17 anos, não a abandonou em vinte anos e, quando isso ocorreu, foi somente por um pouco mais de dez anos. Ali recebeu sua formação científica, ali institui cátedra e ali parece haver composto todos os escritos que dele possuímos. Seus sentidos estavam abertos a todos os nobres estímulos que então podia receber de Atenas. Antes de tudo, entretanto, foi atraído por Platão, cuja escola frequentou desde cedo e cuja influência na filosofia teórica, bem como na filosofia prática, é notavelmente superior aos demais, apesar de toda a atenção que ele, Aristóteles, consagrou mais tarde aos antigos filósofos e, particularmente, aos da escola jônica. Tampouco cabe levantar dúvidas sobre o seu constante sentimento de obrigatoriedade de profunda gratidão para com aquele. Assim nos fala Olimpiodoro de um discurso epidético (um panegírico) escrito por Aristóteles em homenagem a Platão. Também o poema melancólico em que Aristóteles celebrou a morte de seu amigo, o cipriota Eudemo, nos faz notar uma passagem em que ao elogio do nobre morto se mescla a expressão de admiração mais alta diante de Platão, então ainda em vida.

Apenas pisou o umbral radiante da cidade de Cécrope,
Erige, piedoso e devoto, o altar da santa amizade,
A aquele, até cujo elogio Temis proíbe o mal,
Quem o primeiro dos mortais, o único, claramente
demonstrou,
Com sua vida primeiramente e com suas convincentes
palavras depois,
Como existe um caminho que leva à virtude e à
felicidade,
Mas a ninguém encontra disposto tal anúncio de
saudação (¹)

Esse sentimento da mais alta veneração não se apagou jamais. Não se pode dar expressão mais eficaz ao sentimento de uma dívida de gratidão nunca extinguida frente ao mestre que o iniciou na sabedoria, que como fez Aristóteles no crepúsculo de sua vida nos livros da amizade. É o mesmo caso,

---

[1] Eudemo havia sido morto na Sicília, complicado na última tentativa fracassada de reforma do estado.

disse ele, dos benefícios recebidos dos pais e da providência divina, que são impagáveis.

É certo que apesar de seu sentimento para com Platão, a cuja doutrina parece ter aderido totalmente em seus primeiros ensaios escritos, ele o combateu logo em vários pontos principais. Com respeito a isso, no entanto, ele mesmo se explica com a bela frase de que a verdade nos deve ser mais querida que o mais íntimo amigo e que pela verdade devemos renunciar às próprias convicções. Essa crítica despreocupada, que em seus anos de maduros não teve inconveniência em exercitar, inclusive pessoalmente frente a Platão, honra-o muito, ainda que tenha dado oportunidade aos boatos das más línguas (dos epicuristas) que queriam apresentá-lo sob um aspecto desfavorável, tal como a Platão.

É uma questão de experiência, que Aristóteles mesmo menciona e explica ocasionalmente, que no homem suscitam mais amor os benefícios feitos que os recebidos. Não se pode duvidar, portanto, que Aristóteles sempre teve uma ardente simpatia por Alexandre Magno, cuja educação lhe fora encomendada pelo rei Felipe, espírito e coração sobre o qual havia exercido a mais benfeitora influência. Tampouco essa simpatia o levou a aprovar por completo a conduta do grande homem, como soberano. E, até, bem se adverte, não é possível desconhecer que mais de uma sentença importante de seu livro sobre o estado parecem feitas para assinalar como falsos e repreensíveis os fins que possuía Alexandre. No seu afã dominador, este não pensava mais que na guerra e na extensão cada vez maior de seu império. Em contrapartida, disse Aristóteles, todos os estados cujas instituições têm com fim principal a guerra são estados em princípios fracassados. Mostrava-se, assim, contrário a uma extensão ilimitada do estado, pois, ao contrário da divindade, cujo governo pode abarcar todo o universo infinito, o homem é limitado em todas as suas forças. Consequentemente, assim como todo organismo, o estado tem certa magnitude natural e relativamente curta. A desqualificação dessa medida tem que trazer consigo, portanto, não um acréscimo, mas uma diminuição da perfeição. As mesmas relações que com a corte macedônica tiveram Aristóteles e seus antepassados, essas relações não o impediram de considerar a monarquia hereditária pouco conveniente ao bem-estar do estado.

A vida de Aristóteles foi muito agitada. Havendo ficado órfão de pai e mãe muito cedo, teve a sorte de encontrar o carinho paterno em Proxeno e sua esposa, que dirigiram seus primeiros passos pelo caminho da virtude e lhe asseguraram fielmente seu significante patrimônio paterno. Por isso, seu testamento os consagra com uma recordação de gratidão. Depois da morte de Platão e aceitando um convite do príncipe Hermias, mudou-se para Atarneo, onde foi testemunho da súbita queda e morte daquele nobre amigo. Tomou Pitias por esposa, a sobrinha e filha adotiva de Hermias, depois de salvá-la por meio de uma fuga. Muito cedo, porém, ela também foi arrebatada pela morte. Mesmo que tenha contraído um novo matrimônio com Herpile de Estagira, ainda se lembrou daquela com carinho em seu testamento. Alguns quiseram nos fazer crer que aquele segundo matrimônio foi mero concubinato. Por mais que houvesse diferença entre a condição social de Herpile e Pitias, no entanto não há que pensar em relações como as que designamos com tal nome. A injustiça que tal designação supõe para a mulher contradiz absolutamente aquele sentido, tão conhecido de Aristóteles, para a retidão e amizade. De fato, à Herpile, que lhe deu seu Nicômaco, foi designada a educação de uma filha deixada por sua primeira mulher, como uma segunda mãe. Por outro lado, vemos em seu testamento a preocupação com o destino de sua futura viúva, com uma disposição muito significativa para as questões que nos ocupam: "Caso queira, disse ele, ela se casará pela segunda vez, mas apenas com um homem que lhe seja digno". Assim, vemos que, para aquela segunda união, deveria existir alguma regra, antes de tudo da consciência.

De modo geral, seu testamento comporta muitas coisas que acabam revelando sua personalidade, especialmente certas disposições em relação aos escravos que deixara. Tais disposições demonstram que, se em sua Ética ele nos mandava ver nos escravos não apenas os escravos ou uma espécie de instrumento vivo e sim o homem, também soube orientar sua própria conduta de modo mais belo pela teoria.

Enfrentou graves infortúnios antes de sua morte. Passou pela amargura de saber que, embriagado, Alexandre havia matado seu nobre sobrinho Calistenes num acesso de cólera. Após a morte de Alexandre e a chegada da notícia em Athenas, Aristóteles, que sempre havia sido fiel e grato, experimentou a mais amarga ingratidão por parte daquela cidade. Mesmo tendo intercedido, por diversas vezes diante da corte macedônica, em favor desta, por causa de um poema que conservamos, onde faz celebridades ao amigo morto Hermeias, foi acusado de haver atribuído honras divinas a um homem. Conhecendo bem os sentimentos do povo, subtraiu-se do processo por meio de uma fuga, sendo assim condenado à morte à revelia.

Apesar de haver sido completamente alheio à política de Alexandre, não escapou do alcance dos furores do ódio fortemente reprimido contra o poderio macedônico que, ao explodir violentamente, hostilizaram a pessoa do grande estagirita.

Essa total falta de intenção de intervenção prática na política de Alexandre foi contraposta com a conduta de Platão, que viajou várias vezes a Siracusa para reformar aquele estado com arreglo a suas máximas políticas. Foi um grande erro, no entanto, pretender explicar esse contraste mediante a preferência de Aristóteles pela vida contemplativa em detrimento da prática. Essa preferência pela contemplação encontra-se tanto em Platão quanto em Aristóteles. Se Platão, apesar do seu amor pela contemplação, sustentava que o filósofo deve ocupar-se do governo do estado, porque as coisas não irão bem num estado até que o filósofo se torne rei ou o rei saiba filosofar bem, Aristóteles assumia esse mesmo ponto de vista. Indubitavelmente, haveria sacrificado uma parte do seu precioso tempo livre se tivesse encontrado em Alexandre, ainda como príncipe, a inclinação para ouvir as doutrinas e conselhos de seu educador. Seguramente, ao contrário do que ocorreu com mais de uma ideia revolucionária de Platão, esses conselhos não se distanciaram muito dos caminhos que a experiência evidenciava como verdadeiramente viáveis. Uma vez que Alexandre não ia ser educado, não para ser um investigador, mas para dirigir um estado, se Aristóteles houvesse realmente, e em princípio, se limitado à investigação e não houvesse pretendido ter participação alguma na política, como poderia ter aceitado tão amavelmente o convite do rei Filipe? Certamente não aceitou a proposta de Filipe em função da remuneração que dele esperava, mas por lhe parecer provável a obtenção de êxito em seu intuito: atrair um jovem príncipe para suas ideias políticas e não um tirano já assentado no trono, como pretendia Platão.

Aristóteles morreu aos 62 anos de idade em Calcis de Eubea, onde havia sido acolhido como fugitivo no verão do ano de 322 a.C. Do mesmo modo que, em vida, superou a Academia (que se encontrava dirigida por Speusipo) com seu Liceu (escola nomeada Peripatética em função de seu passeio coberto), assim também continuou superando por meio de seus sucessores imediatos. Teofrasto foi o primeiro deles, mas ao seu lado devemos nomear também Eudemo, o melhor de seus discípulos imediatos e autor da ética conhecida por seu nome.

AS OBRAS DE ARISTÓTELES

Passemos agora aos escritos do grande homem que, havendo produzido suas primeiras armas de escritor ainda nos tempos de Platão, tomou como modelo tanto a matéria como a forma de exposição do mestre. Escreveu vários diálogos, dos quais nos restam apenas insignificantes fragmentos. Era um empreendimento perigoso pretender disputar com Platão acerca da beleza da forma. Parece, no entanto, que, se Aristóteles não chegou a se colocar à altura do modelo, conseguiu apropriar algumas de suas virtudes. Por intermédio desses escritos perdidos (para nós), Cícero sentiu-se inclinado a atribuir-lhe o segundo lugar (depois de Platão) no que se referia ao modo de apresentação da sua doutrina, perfeito tanto no caráter didático como no estético.

No que diz respeito aos escritos que conservamos, além do interesse de fundo, o firme e plástico da expressão lhes dá um encanto especial. Do ponto de vista expositivo, no entanto, fundamentalmente e acima de tudo os mais importantes, deixam muito a desejar.

Existem repetições simples. Um esclarecimento que anteriormente havia sido oportuno surge logo em seguida fora de contexto. Até a primeira condição que é de direito de todo leitor, a claridade, é bastante deficiente. Algumas vezes a excessiva concisão, outras o caráter equívoco das expressões, tornam ininteligíveis mais de uma passagem. Essa ambiguidade de sentido de uma mesma palavra não tem lugar apenas em passagens diversas, mas essa mudança de significação ocorre ainda dentro da mesma passagem, bem como dentro de uma mesma frase.

O mais lamentável é que essa excessiva brevidade, da qual nos queixamos, só é notada de modo especial onde se trata das questões mais importantes e difíceis, circunstância essa que, já na Antiguidade, levou às mais raras e diversas opiniões. Quiseram ver nele (Aristóteles) uma intenção expressa de se fazer ininteligível, pois, segundo eles, Aristóteles pretendia que certas verdades não caíssem em domínio público, mas que ficassem restritas à sua escola. Outros suspeitaram que, não se sentindo muito seguro em certas questões, em vez de confessar abertamente, fez o que faz a lula para se livrar da perseguição, jogou tinta para prevenir uma possível crítica ou refutação e acabou se envolvendo em uma artificiosa obscuridade. Tais suposições, ainda que carecessem de toda verossimilitude por serem incompatíveis com o conhecido caráter de Aristóteles, nem por isso deixam de apresentar um eloquente testemunho acerca da falta de claridade que lhe atribuímos – claridade que, por outro lado, não podia ganhar muito com os numerosos erros que podem ter deslizado no texto e cuja insegurança está testemunhada nos grande número de variantes dos códices que chegaram até nós. O mais notável, no entanto, é que o interprete às vezes se sente tentado a emendar o texto exatamente onde convém a todos os códices, por contrários e tão incongruentes entre si: emenda que pode ser verdadeira, mesmo mudando totalmente o sentido de uma passagem para o sentido contrário, mediante a inserção de um simples *oú* (não). Está claro que não responsabilizaremos o escritor pelos erros dos copistas, mas, em todo caso, podemos dizer que, em um texto de difícil compreensão por parte dos copistas devido à obscuridade do estilo, era esperada semelhante erupção de falsas lições.

Seremos, no entanto, no que se segue, mais benevolentes ao censurar a obscuridade e os defeitos da exposição em Aristóteles, considerando quando e como os escritos que ele nos deixou foram compostos. Hoje, admite-se quase unanimemente que a composição de todos eles corresponde à época da segunda estada em Atenas, ou seja, entre os anos 335-322 a.C. A brevidade desse período está numa razão inversa ao assombroso número e à variedade de trabalhos que nele vieram à luz. Além das obras que nos restaram, outras obras perdidas pertencem ao mesmo período, como e, sobretudo, a grande obra cujo conteúdo era uma exposição histórica das principais constituições políticas antigas.

Consideremos a hipótese das seguintes circunstâncias: Aristóteles dividia seu tempo entre a atividade de escritor e o ensino oral; as perturbações que a essa dupla atividade havia de levar; os incidentes da vida pública de outrora e da vida privada; e, finalmente, que, como nos disseram, tinha saúde débil. O que há de estranho no fato de que nosso autor, para cumprir o grande compromisso que havia assumido em serviço da humanidade em outros aspectos mais essenciais, renunciasse o pleno desenvolvimento do talento que tinha como escritor, tal como demonstrou em seus primeiros escritos?

Ele mesmo não publicou nem um dos escritos conservados e nenhum deles está realmente terminado, ainda que uns menos que outros. Boa parte deles deve ter servido como apontamentos para suas conferências (uns mais repetidos que outros). Alguns, no entanto, possuem características marcantes de meros rascunhos que nem mesmo teriam sido suficientes como apontamentos.

Todo este conjunto de circunstâncias dificulta essencialmente, assim, a correta compreensão de suas doutrinas e a dificuldade aumentaria ainda mais se admitíssemos como coisa demonstrada, como querem alguns críticos renomados, que algumas vezes Aristóteles disse algumas coisas em que ele mesmo não acreditava. Segundo eles, assim, Aristóteles haveria feito as maiores concessões à opinião corrente contrariando sua própria convicção, pois na submissão de um inimigo não haveria inconveniente em censurar-lhe algo que ele mesmo teria por verdadeiro, apenas para criar um ambiente desfavorável em torno daqueles a quem se dirigia. Finalmente, com o propósito de iluminar sua maestria dialética, para poder acumular razões, havia atacado o inimigo em certos aspectos em que ele mesmo não estava seguro.

Há quem tome por tão indubitável esses maus hábitos de escritor de Aristóteles, que sobre eles construiu um sistema exegético completo, indispensável, segundo eles, se não se quiser que toda a doutrina aristotélica apareça como um conjunto de contradições. Até chegam a assegurar, ainda, que, quando apenas ocasionalmente emprega um princípio para retirar dele consequências importantes, sua afirmação não tem tanta autoridade como onde se ocupa em assentar e fundamentar esse princípio. Admitir isso traria as piores consequências, dadas as incertezas que a imprecisão da expressão ou a transmissão deficiente do texto produzem. É natural, por isso, que as passagens que tratam de fundamentar um princípio sejam poucas, quiçá uma só, enquanto as ocasiões de emprego se repetem com frequência. Além disso, quando o princípio é de grande alcance, contribui para fixar o caráter do sistema em todos os seus traços essenciais. Com efeito, é infinitamente mais fácil que, por um descuido de frase ou por uma corrupção do texto, uma passagem se desfigure e não, de modo igual, um grande número de passagens.

De fato, aquele axioma exegético levou ao sacrifício de um pequeníssimo número de afirmações. Um número incomparavelmente maior delas, que figura nos mais diversos escritos e estão de acordo entre si, contradiriam entretanto aquelas poucas, tal como elas foram interpretadas.

Felizmente, em virtude de longos e árduos estudos consagrados a Aristóteles, pude assegurar que todas as hipóteses, de antemão tão estranhas, são completamente infundadas e decorrem de falsas interpretações. Isso não é de se estranhar, dada as dificuldades que sua compreensão oferece. Propomo-nos, assim, não fazer uso de alguns dos tais recursos hipotéticos. Se chegarmos, apesar disso, a uma explicação tão coerente como as outras, temos a nosso favor (em virtude das regras da verossimilhança) a ausência de tanta complexidade de pressuposições e, além disso, a vantagem que resulta em ver, pela comparação, que as doutrinas a que aqueles foram levados por suas hipóteses artificiosas resultam muito menos harmônicas em si e se parecem muito menos com a doutrina dos predecessores e sucessores históricos de Aristóteles, como também com a dos grandes pensadores de outros tempos e que têm muito em comum com Aristóteles. São, evidentemente, tão absurdas que um homem que interprete Aristóteles desse modo jamais poderá se sentir inclinado a aderir a seus ensinamentos. Com efeito, não se sente inclinado a uma interpretação como a que fazem nossos intérpretes hipercríticos modernos, nem os sucessores imediatos do filósofo, nem Alexandre de Afrodísia, que, pelo ano 200 a.C., mereceu o título honroso de "intérprete em sentido eminente"[2], nem Simplício, o mais douto dos comentadores de Aristóteles e para quem este é a

---

[2] Como prova decisiva disso, consulte o seu comentário indubitavelmente autêntico, do ch. 9 do Livro I da *Metafísica*. Quanto aos comentários que com seu nome chegaram até nós, o importante livro L, de sua *Metafísica*, FREUDENTHAL demonstrou sua falta de autenticidade de maneira irrefutável, em sua obra *Os Comentários de Alexander de Aphrodisia sobre a Metafísica de Aristóteles, preservados por Averroes.*

mais alta autoridade depois de Platão, nem os filósofos Árabes, nem os Escolásticos, para quem Aristóteles era, segundo palavra de Dante, "o mestre dos que sabem". De modo contrário, vemos aparecer esse modo de interpretar Aristóteles em Ramus, que, como se sabe, rompeu com Aristóteles até na Lógica, e que, em virtude de uma exegese inaudita até então, esperava com maior razão desacreditá-lo como metafísico.

Dever-se-ia dizer, assim, que o potente influxo que, apesar de tudo, os escritos aristotélicos sempre exerceram na mais alta esfera filosófica, é propriamente atribuído a um Aristóteles mal compreendido e não ao verdadeiro Aristóteles. Vemos Leibniz, por exemplo, mal guiado por Ramus, atribuir a Aristóteles um modo de pensar (com respeito aos problemas mais elevados) muito parecido ao que ele atribui à interpretação moderna e, por isso, julgar muito desdenhosamente a teodiceia aristotélica. E se, apesar de tudo, ainda está tão poderosamente influenciado por Aristóteles, mesmo nas questões mais importantes, ainda que o esteja de modo mediato através dos que haviam feito do filósofo, entendido de outro modo, seu mestre. Quão diferente teria sido a situação se Leibniz tivesse conhecido a verdadeira doutrina de Aristóteles! Com que entusiasmo haveria se referido a mais de um aspecto concordante com o seu. E, do mesmo modo que em Leibniz, vê-se também a época moderna privada (da verdadeira doutrina aristotélica), por esse obscurecimento moderno da doutrina aristotélica de um influxo saudável e benéfico precisamente no mais alto domínio do pensar, deixando-se sentir apenas a influência aristotélica em disciplinas relativamente inferiores.

Guardando-nos, pois, de acreditar simplesmente em que as afirmações aparentemente inconciliáveis são contraditórias e de encobrir o estranho procedimento de repudiar as que parecem menos dignas de crédito, em favor de hipóteses ainda mais estranhas, a própria dificuldade de harmonizar umas e outras dará mais valor aos pilares que se salvam desse modo e diremos, com Aristóteles, que a απορια (a dificuldade) se converte em ευπορια (facilidade). Será, pois, necessário buscar o modo de tornar possível a conciliação das várias asserções, de modo que uma afirmação não apenas dê luz para outra correta interpretação da outra, senão que poderíamos chegar assim à construção de vários membros do sistema aristotélico total, que, não nos sendo dados diretamente em seu modo de se expressar sucinto e fragmentário, são, sem embargo, necessários para a construção do conjunto. A estrutura ideológica de um grande pensador se parece com o organismo de um ser vivo, em que a estrutura de uma parte condiciona a de outra, e o que Cuvier conseguiu com os restos dos animais pré-históricos, a saber, determinar o modo mais exato das partes que faltavam pela natureza das partes existentes, isso mesmo deve ser possível em uma obra de filosofia como a de Aristóteles. E, chegando assim à plena compreensão do verdadeiro caráter do todo, de modo que se torne evidente a afinidade deste pensador com outros cujas obras se conservam mais completas, essa perspectiva nos proporcionará novos meios de interpretação e nos levará por analogia a uma mais fácil compreensão de um caso com outro. Propomo-nos utilizar tais procedimentos e esperamos poder dar, desse modo, uma imagem muito mais completa do filósofo, sem nunca rebaixar, está claro, os limites da verossimilitude. Quando afirmamos algo diretamente, quando deduzimos com segurança, quando presumimos de modo mais ou menos provável, isso nunca o deixaremos de indicar no texto. Não nos alcançará, por parte de um crítico inteligente, a reprovação pela falta de exatidão, porque, não é preciso dizer, ao empregar esses meios auxiliares não renunciamos a nenhum daqueles usados pelos demais, mas procuraremos dar a eles um uso mais amplo e cuidadoso. Quanto mais a nossa tarefa se expande em virtude do exposto, menos deixaremos de limitá-la, por outro lado, todo o possível dado o reduzido espaço de que dispomos.[3]

Faremos também referência, ainda que seja apenas com poucas palavras, à questão da cronologia dos escritos aristotélicos e ao que distingue os chamados "exotéricos" dos chamados "esotéricos".

---

[3] Este estudo foi projetado originalmente para a obra editada pelo DR. VON ASTER: *Os grandes pensadores*. Daí a brevidade que eu tentei dar, mas isso não foi suficiente para torná-lo aceitável em sua totalidade. Capítulos muito importantes que tiveram que ser excluídos foram incorporados nesta edição em separado.

A cronologia, sobretudo, se está fundada em traços de uma evolução doutrinal, pode ter importância transcendental para a compreensão e o ordenamento sistemático dos vários setores doutrinais. Em Platão é, desde sempre, inegável um desenvolvimento gradual do pensamento. Como Aristóteles escaparia dessa lei de transformação? A mudança é efetiva quando se retrocede até a época em que escreveu seus diálogos. Os poucos fragmentos conservados dão testemunho disso. É corrente ouvir dizer, no entanto, que, nos escritos sistemáticos que dele chegaram, apenas se notam diferenças de doutrinas, e que isso nos obriga a supor que esses escritos foram compostos em datas muito próximas entre si ou que Aristóteles (que não publicou ele mesmo nenhum desses escritos) devia fazer as devidas retificações *a posteriori*.

O espaço de mais de doze anos (duração da composição desses escritos sistemáticos) poderia fazer, no entanto, com que algo, que se dava a reparações ou que necessitava de reformulações, fosse percebido por um pensador que não era seguramente tão presunçoso a ponto de querer atribuir a todas as suas afirmações a certeza de teoremas matematicamente demonstrados e que, além disso, se manifesta com humildade acerca da imperfeição de toda saberia humana. Se era fácil fazer retificações a *posteriori* de pouca monta, não o era fazer as que requeriam modificações profundas.

Advertimos, muitas vezes, que um esclarecimento tido como necessário por Aristóteles não foi colocado no lugar correspondente no escrito, mas o justapõe em seguida de um modo completamente solto e, às vezes, se seguem várias retificações como essas, sem qualquer ordem entre si e de um modo desajeitado. Ele, que no momento estava ocupado com outros problemas, não queria e nem poderia tomar tempo para mais que isso. Como haveria de ter encontrado, quando não se tratava apenas de um mero cumprimento de detalhes, mas de uma revisão que não poderia ter levado a cabo sem importantes reelaborações? Para escritos não editados por ele mesmo, nem Santo Agostinho acreditou ser obrigado a fazer um *líber retractatiunun* como fez para os já publicados.

Pergunta-se, no entanto, para que todas estas reflexões, se a experiência nos diz que, de fato, tais reformulações não tiveram lugar nos escritos sistemáticos de Aristóteles? Precisamente, acredita-se, que, se essa circunstância nos priva na maior parte das vezes da possibilidade de fixar sua sucessão cronológica, também a faz aparecer como desnecessária e, portanto, nos dispensa da preocupação com sua perda. Ainda assim, no entanto, colocada a questão, creio haver me convencido do contrário mediante uma confrontação precisa.

AS TEORIAS ARISTOTÉLICAS DA DEFINIÇÃO

Em um ponto, especificamente, e ponto muito importante, foi onde se encontrou em Aristóteles uma série de modificações sucessivas. Trata-se da teoria da definição, sobre a qual faz indicações nos *Tópica*, nos *Segundos Analíticos*, nos livros da *Metafísica*, novamente no livro VI da *Metereologia* e no escrito *De partibus animalium*, indicações que, longe de serem compatíveis entre si, se contradizem em muitos pontos. É importante comparar a conduta prática de Aristóteles, quando tem que dar uma definição importante, e ver o conceito de definição nas diferentes obras, que é para ele o regulador. Todo mundo reconhece que, em ordem cronológica, *Os Topica* são os primeiros dentre os escritos lógicos conservados. A teoria da definição já tem momentos inteiramente novos nos *Segundos Analíticos*. Neles, a definição está colocada em intima relação com os conhecimentos a partir das causas, tal como deve resultar da demonstração científica, e se exige daquela que considere a causa em seu quádruplo sentido de matéria, forma, causa eficiente e causa final.

O PSEUDOPROBLEMA

Nos *Segundos Analíticos* ou nos *Topica,* Aristóteles não faz qualquer menção acerca do modo como as substâncias são propriamente definíveis, mas de modo contrário, todos os exemplos formam-se da esfera dos acidentes. Assim, o livro VII da *Metafísica,* ao limitar a possibilidade de uma definição em sentido estrito às substâncias, ultrapassa o que foi dito nos *Analíticos* e contradiz claramente aos *Topica,* onde havia dito que, na definição, a diferença específica não pode conter o conceito de gênero, ao passo que o livro Z da *Metafísica,* diz expressamente o contrário, devendo cada diferença ulterior conter a precedente e, por conseguinte, a última diferença deve ser igual ao contido na definição inteira. Sem isso, se diz na *Metafísica,* faltaria a unidade real ao todo. Agora bem, no que diz respeito a essa ideia, Aristóteles chegou a uma nova e notável afirmação. Depois de haver distinguido uma classe de animais como 'dotada de pés', não cabe, a seu juízo, distinguir imediatamente como subclasse, por exemplo, animais com pés, 'alados', especificando por meio da diferença 'alados' como 'animais com pés, alados', porque, neste caso, a última diferença não conteria as anteriores. Partindo da classe imediatamente anterior 'animais com pés', o pertinente seria colocar como subclasse 'animais com pés de dedos articulados', por exemplo, sempre atentando à mesma parte do animal ao avançar na definição.

Isso lembra o método classificatório artificial de Linneo. Em vez disso, as regras de classificação que Aristóteles apresenta no escrito *De partibus animalium* rechaçam, do modo mais expresso, o método recomendado em *Metafísica Z* e, ao exigir que se considerem todas as partes dos animais, resulta algo parecido com o método classificatório *natural* de Linneo.

Outra diferença considerável parece separar o *De partibus animmalium* de *Metafísica Z*, a qual também é advertida em uma passagem do final do capítulo do livro IV da *Metereologia*. O livro Z da *Metafísica*, que limita a definição em sentido estrito à categoria da substância, jamais manifesta a convicção de que não temos de fato conceitos substanciais diferenciais, mas antes parece que Aristóteles está convencido de nos dar tais exemplos naqueles que ele escolheu. Por outro lado, a *Metereologia* disse de modo expresso que nos faltam completamente os conceitos diferenciais substanciais e devem ser substituídos por determinações acidentais que os acompanham como propriedades e, sobretudo, pela indicação das atividades específicas que exerce a respectiva espécie. Essas atividades destacam-se mais nos seres vivos e, por isso, os corpos vivos se prestam melhor à definição da espécie que os mortos.

A EVOLUÇÃO E A CRONOLOGIA

Nesse ponto aconteceu uma evolução no pensamento de Aristóteles, não apenas com respeito à maneira de definir, mas também, segundo me parece, com respeito à cognoscibilidade das substâncias e o vemos tomar uma posição muito parecida à de Locke e de Leibniz em seus ensaios sobre o entendimento humano.

O escrito *De partibus animalium* mantém essas mesmas convicções. Não as diferencia das substâncias mesmas, mas as propriedades que, ligadas a elas, como características próprias, e em seu conjunto nos oferecem um substituto para aquelas, é o que empregamos nas definições, não havendo inconveniente em empregar como características até as determinações negativas.

Estamos certos de que não nos equivocamos ao afirmar que a causa desses grandes progressos na teoria da definição, com respeito ao livro Z da *Metafísica*, foram os estudos que produziram a *Historia animalium*. Como uma espécie de prenúncio da futura transformação da doutrina de *Metafísica Z*, deve-se, quiçá, considerar a passagem 3, p. 1029 a 11, em que se diz que, se os acidentes fossem suprimidos, pareceria não restar mais nada. Alguns lugares dos *Analíticos posteriores*, em que se fala da busca da definição como busca do último fundamento das propriedades, parecem preparar-lhe o terreno. Creio, pois, haver destruído o preconceito de que não se pode encontrar em parte alguma dos escritos sistemáticos que nos restaram de Aristóteles sinal de uma evolução essencial em sua doutrina, bastando o que foi dito para estabelecer uma sucessão cronológica de alguns de seus mais importantes escritos. Disso resulta, também, contra aquilo que geralmente se acredita, que certos tratados de ciências naturais foram escritos depois dos livros da *Metafísica*. Não apenas se deve atribuir uma data posterior à composição do *De partibus animalium* e ao quarto livro *Metereologia,* mas estando garantida a posterioridade deste último, também se chegou a estabelecer como certa a posterioridade do *De generatione animalium* e, provavelmente, a posterioridade do *Historia animalium.* Podemos, ainda, inferir, com certeza, que os três livros, tão importantes, *De anima* (que também entram na categoria dos escritos de ciências naturais e, naturalmente, os chamamos *Para Naturalia,* anexos ao *De Anima*) foram escritos também em datas posteriores às partes mencionadas da *Metafísica,* como se vê imediatamente quando se adverte que o modo de definir a alma não se acomoda aos postulados do livro Z da *Metafísica* e, em vez disso, se mostram em perfeita conformidade com as doutrinas do capítulo final do quarto livro da *Metereologia.* Se Aristóteles, além disso, ao escrever os livros *De anima* tivesse perseverado no ponto de vista adotado na *Metafísica Z,* sua teoria dos objetos próprios e comuns (αιυΘητα ιδια χαι χοινα) seria incompreensível, pois, segundo ele e como logo veremos, derivando-se todos os nossos conceitos de nossa percepção, se tivéssemos conceitos de diferenças substanciais, entre os conceitos próprios e comuns dos sentidos se contrariariam não apenas as diferenças acidentais, mas também tais diferenças substanciais. Isso, no entanto, não é assim.

Por outro lado, os trabalhos reunidos na *Metafísica* não formam uma obra única, podendo muito bem que o dito dos outros livros valha igualmente para o livro Λ, o mais importante de todos e o único que entra a fundo em questões sobre o primeiro princípio de todas as coisas. Está escrito como esboço e nada contém a respeito das investigações sobre os princípios do conhecimento, tampouco se ocupa das questões sobre a definição, de modo que não temos meios para situá-lo cronologicamente a partir dessa parte. De modo contrário, no entanto, do fato de que, além da Astronomia de Eudoxo, também leva em conta a de Kalipo, deduz-se que é mais moderno que os livros *Do Cuelo.* No que diz respeito à ordem das matérias nele tratadas, que são comuns com as investigações metafísicas anteriores mais extensas, nós o consideramos superior a elas. Assim, pois, pode-se duvidar que o livro Λ pertença à época mais madura da filosofia aristotélica. Ao mesmo tempo, no entanto, é preciso considerá-lo com mero prólogo ou preparação de uma obra extensa sobre a mesma matéria, que nunca chegou a ser escrita.

Nosso filósofo havia reservado a discussão ampla de certos problemas que roçam aqui e ali os escritos naturalistas para essa obra, mas pertencendo à primeira filosofia, não considera conveniente aprofundá-la. Essa é também a explicação mais fácil para o fato de que produz tanto assombro e enfado, pois é precisamente quando Aristóteles começa a falar das questões mais importantes e difíceis, em que resulta mais obscura a força de ser avaro de palavras. Já nos três livros da alma, dá à parte mais excelente, a intelectiva, uma extensão excessivamente curta em relação às partes vegetativa e sensitiva. Sobre muitas das questões relativas a isso e que não são tratadas nos livros *De Anima*, temos apenas algumas indicações em observações ocasionais da *Ética*. Segundo Aristóteles, tudo isso decorre do fato de que, pertencendo os três livros da alma às ciências naturais, a parte intelectiva da alma não pertence ao campo da física, mas da Metafísica. Isso tampouco se encontra, entretanto, entre os interessantes pequenos tratados, como os que versam sobre o sentido e seus objetos, sobre a memória e a recordação, etc., e que devem ser considerados apêndices dos livros da alma, nenhum sequer que aborde a parte intelectiva, coisa que haveríamos agradecido muito, dada a sobriedade, ou mesquinhez, do que foi dito nos livros da alma. Uma vez nesse ponto, (III, 7, até o final), recusa expressamente entrar em uma questão que vinha a propósito, deixando-a para um trabalho especial que projetara. Indubitavelmente pensava na *Metafísica* ao dizer isso. Nunca chegou, no entanto, a cumprir a palavra dada. Assim, não se devem perder de vista essas circunstâncias quando nos dispomos a julgar Aristóteles como escritor e se temos de ser justos para com ele.

Algumas outras características que encontramos, sobretudo em seus escritos práticos como a Ética, Política e Retórica, são mais facilmente compreensíveis. O fim a que elas se propõem está, por confissão própria, não tanto no conhecimento que nos comunica, mas no fruto que se aplicará à vida do particular e da sociedade. Por isso, queria torná-las acessíveis também aos menos interessados em teoria, em um círculo mais amplo possível. Por isso se propõe, em termos expressos, a evitar todo problema psicológico-filosófico que exija maior profundidade. Pelo fato de estarem dirigidos a um círculo mais amplo, esses escritos são chamados de "*exotéricos*", enquanto os que não aspiram a essa popularidade, esses são chamados de *"esotéricos"*.

É claro que Aristóteles não se manteve sempre fiel a seu propósito no curso da exposição, seja porque se deixava arrastar insensivelmente por suas afecções e hábito de fazer notas de rodapé acerca dos mais profundos problemas, seja porque não podia se manter naqueles limites sem ter que renunciar à plena realização das mesmas necessidades práticas (isso mesmo ocorreu, sobretudo, nos curso de *Ética*). O espetáculo que Aristóteles dá com sua inconsequência é interessantíssimo e nos permite ir a fundo ao mais íntimo de sua vida: ainda querendo abandonar os problemas, estes não o abandonam. Podemos, talvez, ver, nesse fato (ao lado de outros indícios), uma prova de que, assim como os escritos metafísicos, ainda que não tenham sido no mesmo grau, esses escritos práticos não chegaram a alcançar uma forma definitiva. Pertencem, antes, aos anos mais maduros de sua vida, por isso mesmo querem dizer que o ocuparam pouco antes do fim de sua vida e, tendo valor singular como produto de sua época mais madura, eles possuem a desvantagem de uma evidente falta de perfeição.

Já na *Ética*, a ordem deixa muito a desejar, mas na *Política* é tão deficiente que Barthélemy

Saint Hilaire e outros queriam mudá-la completamente.

É indubitável, também, que alguns projetos de trabalho nunca foram realizados.

OBRAS DE BRENTANO SOBRE ARISTÓTELES

Obras em Alemão

- *Aristoteles Lehre vom Ursprung des menschlichen Geistes*, Leipzig: Veit & comp., 1911 (2nd ed., intr. by Rolf George, Hamburg: Meiner, 1980).
- *Aristoteles und seine Weltanschauung*, Leipzig: Quelle & Meyer, 1911 (2nd ed., intr. by Rolf George, Hamburg: Meiner 1977).
- *Die Psychologie des Aristoteles, insbesondere seine Lehre vom Nous Poietikos*, Mainz: Verlag von Franz Kirchheim, 1867.
- *Über Aristoteles*, ed. by Rolf George, Hamburg: Meiner, 1986.
- *Von der mannigfachen Bedeutung des Seienden nach Aristoteles*, Freiburg: Herder, 1862.

Obras em Inglês (traduções)

- *Aristotle and His World View*, transl. by R. George and R.M. Chisholm. Berkeley: University of California Press, 1978.
- *On the Several Senses of Being in Aristotle*, transl. by Rolf George, Berkeley: University of California Press, 1975.

- *The Psychology of Aristotle*, transl. by Rolf George. Berkeley: University of California Press, 1977.

Obras em Espanhol (traduções)

- *Arisóteles*, trad. Moisés Sánchez Barrado, Barcelona: Labor, 1 ed, 1930, 2 ed, 1943, 3 ed, 1951.
- Sobre los multiples significados del ente segun Aristóteles, trad. Moisés Sánchez Barrado, Madrid: Encontro, 2007.

Obra em Francês (tradução)

- De la Diversité des Acceptions de l'Être d'après Aristote. Trad. Pascal David. Paris: Vrin, 1992.

Arquivo Franz Brentano
Houghton Library
Harvard University[4]

Resumo descritivo:

---

[4] Todas as informações foram retiradas da seguinte fonte: "Franz Clemens Brentano composições (MS Eng 230), Houghton

Este índice foi produzida pela Profa. Franziska Mayer-Hillebrand, Innsbruck, no inverno de 1951-1952. Ele está disponível como "Brentano, Franz Clemens, 1838-1917". *Índice dos manuscritos de Franz Brentano. Catalogado pelo Prof Franziska Mayer-Hillebrand.* Innsbruck, 1951 [Ann Arbor, University of Michigan, 1959].[5]

Repositório:

Houghton Library, Harvard College Library, Harvard University.

Localização: b.

Call No.:

MS Eng 230.

Criador:

Brentano, Franz Clemens, 1838-1917.

Título:

Composições de Franz Clemens Brentano.

Library, Harvard University".

[5] Os usuários destes arquivos devem estar cientes de que eles não estão exatamente detalhados, e devem ser usados apenas para orientações gerais. Uma nova versão encontra-se em preparação sob os auspícios da Fundação Brentano. Uma introdução (escrita em alemão por Mayer-Hillebrand) para o processamento dos papéis pode ser encontrada no arquivo interno.

Data(s):

1870-1917.

Quantidade:

16 caixas (20 pés linear).

Idioma de materiais:

Materiais de coleta são em alemão.[6]

Resumo:

As composições do filósofo alemão Franz Clemens Brentano.[7]

Organização da série

---

[6] Informações de Aquisição: * 66M-206. Depósito permanente por Franz Brentano Foundation, 24 de outubro de 1966. Os manuscritos foram anteriormente detidos por John CM Brentano (filho de Franz Brentano), 29 Lakeview Terrace, Highland Park, Illinois. Esses papéis foram originalmente depositados com os arquivos Brentano, Praga, Checoslováquia, de onde, em 1938, foram transferidos para Manchester, Inglaterra. Posteriormente, eles foram depositados na Biblioteca Bodleian, em Oxford University. Na primavera de 1951, eles foram enviados para Highland Park, Illinois, EUA, JCM Brentano viveu onde. JCM Brentano (d.1969) transferiu os trabalhos para a Fundação Franz Brentano, em 1966. Os trabalhos foram, então, depositados na Biblioteca Houghton. Existe um relato detalhado da história dos papéis em: Brentano JCM "Os manuscritos de Franz Brentano," Revue Internationale de Philosophie de 1966, fascículo 4, nº 78 "[Copy no departamento curatorial arquivo do manuscrito.]

[7] Atualização 22 de outubro de 2010.

R: Aristóteles.

Âmbito e Conteúdo:

Inclui autógrafo e composições datilografadas de Franz Brentano.

Material separado:

Franz Clemens Brentano correspondência (MS Eng 202) e documentos adicionais Brentano (* 71M-125).

Nota

Esta lista inclui as seguintes referências:

- * = Manuscrito de Brentano.
- b = Pasta.
- b1 = Folha.
- s = Página.
- str = Coluna ou margem limite.
- X = Com uma cópia manuscrita de outro lugar.

Séries: Aristóteles.

- **X A 1 (1)** *Aristoteles und Leibniz.* 11 str. pag. 1-11. Zum groessten Teil*.

- **A 2 (2)** *Grundsaetze Fuer Die Interpretation Grosser Philosoph. Denker, Insb. des Aristoteles.* 15 str. pag. 12-27. Fragment.

- **A 3 (3)** MS fehlt.

- **A 4 (4)** *Zu Aristoteles' Hymnus auf Platon. Gegen Gomperz. Aristoteles' Urteil Ueber Sokrates.* 2 str. pag. 28-29.

- **A 5 (5)** *Aristoteles Bedeutung und Verkennung. Einleitung zu Einer Darstellung Seiner Lehre.* 7 str. pag. 30-35.

- **A 6 (6)** *Aristoteles. I. Chronologie Seiner Werke.* 20 str. pag. 36-56.

- **A 7 (7)** *Aristoteles. II. Chronologie der Werke des Aristoteles.* 3 str pag. 57-60.

- **A 8 (8)** *Aristoteles. III. Chronologie der Werke des Aristoteles.* 12 str pag. 61-73.

- **A 9 (9)** *Aristoteles. IV. Chronologie Der Werke Des Aristoteles.* 3 str pag. 74-77.

- **A 10** *Selbstanzeige von "Aristoteles und Seine Weltanschauung".* 4 str. pag. 78-81.

- **A 11 (11 und 11a)** *I. Uebersicht Ueber Die Probleme der Aristotelischen Metaphysik.* 4 str pag. 82-87. II. 1 b pag. 88-94.

- **A 12 (12)** *Probleme der Aristotelischen Metaphysik.* 2 str pag. 95-96.

- **A 13 (13)** *Objekt der Weisheit. Bedeutung des Seienden.* 5 str 2 b1 pag. 97a - 102.

- **A 14 (14)** *Von der Weisheit.* 2 str. pag. 103-105.

- **A 15 (15)** *Weisheit Im Eminenten Sinne Kommt Nur Gott Zu.* 7 str pag. 106-112.

- **A 16 (16)** *Vergleich der Unter dem Namen Metaphysik und Politik uns Hinterlassenen Schriften.*1910. 4 str pag.113-115.

- **A 17 (17)** *Die Verschiedenen def Initionen der Aristotelischen Metaphysik.* 24. IV. 1908. 15 s pag. 116-131.

- **A 18 (18)** *Aristoteles' Metaphysik als Lehre vom Realen im Allgemeinen.* 23. IV. 1908. 4 b pag. 133-148.

- **A 19 (19)** *Saetze, Welche Fuer Aristoteles Weithin Massgebend Sind.* 11. v. 1908. 4 b pag. 149-163.

- **A 20 (20)** *Terminologie.* 86 str pag. 164-249.

- **A 21 (21)** *Aristoteles' Lehre von der Mannigfachen Bedeutung des Seienden.* 19 s pag. 250-268.

- **A 22 (22)** *Von der Bedeutung des Seienden.* 9 b pag. 269-304.

- **A 23 (23)** *Aristoteles Ontologist?* 6. V. 1908. 3 b pag. 305-314.

- **A 24 (24)** *Vom Fuer Sich Seienden.* 25. VII. 1907. 5 b pag. 315-331.

- **A 25** *Von der Unvollkommenen Entelechie.* I. 13. III. 1907. 91 s pag. 332-422. Publiz. in "Kategorienlehre" II. 3 str 1 b unvollstaendig.

- **A 26 (26)** *Aristoteles' Lehre vom Wirken und Leiden.* 24. IV. 1908. 15 s pag. 423-437.

- **A 27 (27)** *Gesetz Der Synonymie.* 38 str pag. 438-476.

- **A 28 (28)** *Aristoteles' Metaphysik.* 23 str pag. 477-499.

- **A 29 (29)** *Aristoteles' Metaphysik (Uebersetzung)* 5 str pag. 500-505.

- **A 30 (30)** *Aristoteles' Metaphysik (Fragen).* 5 str. pag. 506-511.

- **A 31 (31)** *Notizen zu den Objektionen.* 12 str pag. 512-524.

- **A 32 (32)** *Aporien I. Fassung.* 22 str pag. 525-547.

- **A 33 (33)** *Aporien II. Fassung.* 55 str pag. 548-603.

- **A 34 (34)** *Aporien III. Fassung.* 30 str pag. 604-634.

- **A 35 (35)** *Aristoteles' Metaphysik (Uebersetzung).*
- I. 10 str pag. 635-645
- II. 4 str pag. 646-649.

- **A 36 (36)** *Fragen.* 4 str pag. 650-653.

- **A 37 (37)** *Aporien zu [lambda]* 10 74 str pag. 654-728.

- **A 38 (38)** *Zu Metaphysik [lambda]* 5 str pag. 729-734.

- **A 39 (39)** *Entfaellt, weil laut Notiz identisch mit 38.*

- **A 40 (40)** *Entwurf zur Erkenntnislehre Des Aristoteles.* 8 str pag. 735-742.

- **A 41 (41)** *Erkenntnislehre Des Aristoteles. Fragment.* (1908)26 str pag. 743-768.

- **A 42 (42)** *Aristoteles' Lehre vom Ursprung Unserer Ideen.* 26. IV. 1908. 24 s pag. 769-793.

- **A 43 (43)** *Zu Aristoteles. Ursprung der Ideen.* 6 s pag. 794-799.

- **A 44 (44)** *Zur Ordnung Der Darstellung.* 12 str pag. 800-812.

- **A 45 (45)** *Vorbedingungen Jeder Wissenschaft, auch der Metaphysk, Definitionen, Tatsachen, Axiome.* 21. IV. 1910. 3 str pag. 813-815.

- **A 46 (46)** *Unmittelbare Erkenntnis.* 8 s pag. 816-823.

- **A 47 (47)** *Zur Ekenntnistheorie des Aristoteles, Axiome und Kontradiktion.* 10 str pag. 824-833.

- **A 48 (48)** *Ueber Intellectus Agens und Materia Prima.* VII. 1909. 12 str pag. 834-846.

- **A 49 (49)** *Transzendente Verhaltensbegriffe.* 1 b pag. 847-850. *.

- **A 50 (50)** *Synonymie und Analogie.* 1 b pag. 851-854. *.

- **A 51 (51)** *Verhaeltnisbegriffe in Verschiedenen Gattungen.* 2 b pag. 855-860.

- **A 52 (52)** *Gotteslehre des Aristoteles.* 21. IV. 1908. 45 s pag. 861-906.

- **A 53 (53)** *Zur Aristotelischen Theologie.* 26. I. 1909. 43 s pag. 908-951.

- **A 54 (54)** *Aristoteles Lehre von Gott und Welt.* 27. I. 1909. 57 s pag. 952-1009.

- **A 55 (55)** *Ethik, Gotteslehre des Aristoteles.* 9 str pag. 1010-1019.

- **A 56 (56)** *Ueber Weltzweck und Goettliche Providenz bei Aristoteles.* (Zu Met. [lambda] 10 Und Nik. Ethik). Brief an Benn. 15. V. 1910. 2 bl pag. 1020-1025.

- **A 57 (57)** *Zu Aristoteles Metapnysik. Gottes Erkenntnis von der Welt.* 24. IV. 1908. 5 bl u b pag. 1026-1042.

- **A 58 (58)** *Gottes Vollkommenheit.* 4 str pag. 1043-1046. Teilweise *.

- **A 59 (59)** *Unendliche Vollkommenheit Gottes. Das Uebel eine Privation.* 6 Str pag. 1047a-1051.

- **A 60 (60)** *Vom Goettlichen Verstand.* 10 str pag. 1052-1061.

- **A 61 (61)** *Alexanders Kommentare. Zur Frage nach Gottes Erkenntnis und Wirken.* 10 str pag. 1062-1072.

- **A 62 (62)** *Gottes Erkenntnis von der Welt (De Anima).* 27 str pag. 1073-1100.

- **A 63 (63)** *Zu K. Elser. Die Lehre des Aristoteles Ueber das Wirken Gottes.* Muenster i. W. 1893. 9 b pag. 1101-1134. Teilweise *.

- **A 64 (64)** *Aristoteles' Lehre von Gott und Welt.* 44 str pag. 1135-1179.

- **A 65 (65)** *Kosmologie des Aristoteles.* 5 str pag. 1180-1184.

- **A 66 (66)** *Aristoteles' Weltbild Muss Wegen der Knappheit der Andeutungen Rekonstruiert Werden. Der Optimismus als Leitgedanke.* 4 str pag. 1185-1188 ((Anfang (c d) fehlt).

• **A 67 (67)** *Aristoteles' Kosmologie.* I. III. 1909. 7 b pag. 1189-1215.

• **A 68 (68)** *Aristoteles' Kosmologie.* IX. 1910. Skizze des Weltbildes mit Anhang ueber Ethik, Politlk (Bestmoegliche Welt). 19 str pag. 1216-1238.

• **A 69 (69)** *Entwuerfe zur Einleitung in eine Darstellung der Aristotelischen Kosmologie.* 15 str pag. 1239-1253.

• **A 70 (70)** *Zur Kosmologie des Aristoteles.* 6. III. 1909. 5 b pag. 1254-1272.

• **A 71 (71)** *Kosmologie. Aberundete Darstellung bis zum Theodicee Problem.* 23 str pag. 1273-1295.

• **A 72 (72)** *Aristoteles' Kosmologie. Der Mensch Zweck des Kosmos.* 7 str pag. 1296-1302.

• **A 73 (73)** *Einzelheiten zum Weltbild I.* 6 str pag. 1303a-1307.

• **A 74 (74)** *Einzelheiten zum Weltbild II.* 3 str pag. 1308-1310.

• **A 75 (75)** *Einfluss der Himmlischen Welt.* 5 str pag. 1311-1315.

• **A 76 (76)** *Zur Kosmologie. (Allbeseelung im Weitestem Sinn).* 7 str pag. 1316-1322.

• **A 77 (77)** *Kosmologie. Jenseits.* 23 str pag. 1323-1350.

- **A 78** *Fragment einer Disposition des Weltbildes (Vergeltung im Jenseits).* 5 str pag. 1351-1356.

- **A 79 (79)** *Notizen.* 1 bl pag. 1357.

- **A 80 (80)** *Zur Kosmologie. Jenseits, Umwandlung, Grenzen.* 8 str pag. 1359-1366.

- **A 81 (81)** *Jenseits.* 2 str pag. 1368-1369.

- **A 82 (82)** *Aristoteles (De Anima).* I. 1910. 18 str pag. 1370-1391.

- **A 83 (83)** *Zu Baeumkers: Aeusseres und Inneres Sinnesvermoegen (Aristoteles).* X. 1909. 3 str pag. 1392-1395.

- **A 84 (84)** *Aristoteles' Verhaeltnis zu Nativismus und Empirismus.* 2 str pag. 1396-1397. *.

- **A 85 (85)** *An Twardowski.*
o 1) Brief Twardowskis an Brentano. 2 Briefb. pag. 1398-1405.
o 2) Antwort Brentanos. 5 str pag. 1406-1410.

- **A 86 (86)** *Ueber Aristoteles' Semimaterialismus.* Brief an Rolfes. 16. V. 1910. 8 str pag. 1411-1419.

- **A 87 (87)** *Ueber den Creatianismus des Aristoteles.* (Kurze Anzeige des Inhalts dieser Schrift). 1 bl pag. 1420-1421. *.

- **A 88 (88)** *Zur Creatianismusfrage (Mitwirkung der Gottheit bei der Beseelung des Menschen).* 4 str pag. 1422-1425.

- **A 89 (89)** *Ueber die Platon Zugeschriebene Lehre, dass die Seele Schon im Samen Aufnahme Finde.* 14 s pag. 1426-1437. Schreibmaschinen Kopie.

- **A 90 (90)** *Ueber die Platon Zugeschriebene Lehre, dass die Seele Schon im Samen Aufnahme Finde (Uebersetzung).* 1 b pag. 1438-1441.

- **A 91 (91)** *Gang des Kap. II/3: De Generatione Animal. (Uebersetz.)* 40 str (teilweise an ein ander geklebt) pag. 1442-1482.

- **A 92 (92)** *Fruehere Fassungen zu: De Generatione Animal.* 37 str pag. 1484-1524.

- **A 93 (93)** *Zur Creatianismusfrage.* Gegen Hertling. 4 bl pag. 1525-1531. *.

- **A 94 (94)** *Aristoteles' Physik.* X. 1908. 11 str pag. 1532-1545.

- **A 95 (95)** *Physicae Auscultationes Arist.* 30 str. pag. 1546-1576.

- **A 96 (96)** *Wichtigste Fragen aus der Physik des Aristoteles.* 7 str pag. 1577-1583.

- **A 97 (97)** *Bemerkungen zu Aristoteles (De Part. Anim.).* 22 str pag. 1584-1606.

- **A 98 (98)** *Aristoteles' Naturalia Parva.* I. 1910. 12 str pag. 1607-1618.

- **A 99 (99)** *Korrekturen.* 3 str pag. 1619-1621.

- **A 100-103 (100-103)** *Aristoteles "Ueber Theophrast' Lehre vom Wirken der Gottheit"* (an Th. Gomperz).
  - 100) 7. IX. 1904. 4 str pag. 1622-1625.
  - 101) IX. 1909. Theophrast Metaphysik. 27 str. pag. 1626-1653.
  - 102) Bemerkungen rum Fragment der Ketaphysik von Theophrast. 32 str pag. 1654-1687.

- **A 104 (104)** *Kritik von Zellers "Philosophie der Griechen" III.* Aufl. 1909. 68 str pag. 1788-1855.

- **A 105 (105)** *Aristoteles' Einleitung in Seine Praktische Philosophie.* 13 str pag. 1856-1868.

- **A 106 (106)** *Aristoteles' Ethik. Ursprung Ethischer Erkenntnis.* 16 str pag. 1869-1884 *.

- **A 107 (107)** *Aristoteles' Ethik. Das Gute.* 8 str pag. 1885-1892. *

- **A 108 (108)** *Nikomachische Ethik und Politik.* 19 str pag. 1893-1925.

- **A 109 (109)** *Nikomachische Ethik. Begriff der Ethik* 25 str pag. 1926- 1952.

- **A 110 (110)** *Nikomachische Ethik* 8 str pag. 1953-1960.

- **A 111 (111)** *Nikomachische Ethik* 12 str. pag. 1961-1975.

- **A 112 (112)** *Zur Nikomachischer Ethik.* 22 str pag. 1976-2001.

- **A 113 (113 a und b)** *Zur Nikomachischer Ethik.*
  - a) 8 str pag. 2002-2010.
  - b) 12 str pag. 2011-2022.

- **A 114 (114)** *Zur Ethik.* 9 str pag. 2023-2331.

- **A 115 (115)** *Zur Nikomachischen Ethik.* 5 str pag. 2032-2039.

- **A 116 (116)** *Zur Ethik.* 1 str pag. 2040.

- **A 117 (117)** *Zur Ethik* 12 str pag. 2041-2052.

- **A 118** MS fehlt.

- **A 119 (119)** *Aristoteles Lehre vom Guten.* 22 str pag. 2053-2078.

- **A 120 (120)** *Freundschaft. Nik. Ethik. Buch* 8 und 9. 3 str pag. 2079-2081.

- **A 121 (121)** *Die Buecher von der Freundschaft.* (8 und 9). 7 str pag. 2082-2089.

- **A 122 (122)** *Die 2 Buecher der Freundschaft.* (8 und 9). 7 str pag. 2090-2101.

- **A 123 (123)** *Ethica ad Eudemum et Magna Moralia.*1909. 31 str pag. 2103-2137.

- **A 124 (124)** *Aristoteles' Politik.* 11 str pag. 2138-2148.

- **A 125 (125)** *Aristoteles' Politik.* 3 str pag. 2149-2151.

- **A 126 (126)** *Aristoteles' Politik.*1910. 8 str pag. 2152-2159.

- **A 127 (127)** *Zur Politik des Aristoteles.* 7 str pag. 2160-2166.

- **A 128 (128)** *Zur Logik des Aristoteles.* 10 str.

- **A 129 (129)** *De Interpretatione.* XII. 1909. 16 str

- **A 130 (130)** *Zur Aristotelischen Kategorienlehre.* IX. 1909. 22 str

- **A 131 (131)** *Aristoteles' Analytika* (Zweite Analytika I). 23. VII. 1907. 6 b

- **A 132 (132)** *Zu Aristoteles.* (Erste Analytika. Bemerkungen sum T. und II. Buch). 3 str.

- **A 133 (133)** *Analytika Posteriora.* 20 str

- **A 134 (134)** *Analytika Posteriora.*1909. 13 str

- **A 135 (135)** *Aristoteles: Bemerkungen Zur Logik, Psychologie Und Ethik.* 22 str

- **A 136 (136)** *Brief Brentanos an Hofrat Gomperz.* 5. XII. 1908 (ueber einen Plan einer neuen Darstellung der Arist. Philosophie). 6 Briefbogenseiten.

- **A 137 (137)** a) *Ueber die Lehre des Aristoteles von der Ewigkeit des Geistes (Zeller).* I. 1911. 64 str pag. 1-47 (mit Einschueben).

- **A 138 (138)** b) *Zu Zeller: Lehre Des Aristoteles Von Der Ewigkeit Des Geistes.* 204 str pag. 48-70, 1-76, 1-108.

- **A 139 (139)** *Zeller. - Fruehere Redaktion.* 56 str. Beim letzten Teil (s 1-8) scheint der Anfang zu fehlen.

- **A 140 (140)** *Aristoteles* (Ausgeschieden). 63 bl verschiedenen Formats.

- **A 141 (141)** *Ueber den Creationismus des Aristoteles.* II. Auflage. (Verschiedene Entwuerfe).
  o a) I. 65 str (oft Rueckseite beschrieben), 4 Notizhl.
  o b) I, II, III, 49 str (oft Rueckseite beschrieben).
  o c) IV. Letzte Redaktion. 18 str
  o d) Schluss von IV, V, VI. 28 bl
  o e) De Anima. 13 str
  o f) 17 bl verschiedenen Formats.
  o g) sog. Reinschrift. 76 bl verschiedenen Formats.
  o h) 57 bl verschidenen Formats. - Das Ganze nicht vollstaendig, vielfach nicht zusammenhaengend.

- **A 142 (142)** *Zum Creationismus des Aristoteles.* 10-13. III. 1908. 22 b und bl.
- **A 143 (143)** *Entwuerfe und Fragmente zur Darstellung der Aristotelischen Philosophie.*

(1908) Angestrichene Stellen aus Aristoteles' Schriften 5 str.

Letzte massgebende Disposition zur Darstellung des Aristoteles von Gott und Welt. 11 str.

Zur Metaphysik des Aristoteles Gehoeriges. Zu IX. 3 b, 6 bl 192 str (manchmal ausgestrichen, teilweise Rueckseite beschrieben).

Locker aneinander gerehte Punkte zu V, VII, VIII und IX, 110 str, 1 b (manchmal ausgestrichen, teilweise Rueckseite beschrieben).

- **A 144 (144)** *Aristoteles, Erste Redaktion in Florenz und Diverse Dispositionen, Lehre Etc. Register.* 112 str

- **A 145 (145)** "Verfahren" 3 str und 1 str.

- **A 146 (146)** *Gruppenargumente zu "Verfahren".* 23 str

- **A 147 (147)** *Besondere Schwierigkeit des Aristoteles.* 13 s

- **A 148 (148)** *Ausgezogene Saetze aus der Metaphysik.* 6 str

- **A 149 (149)** *Einzeline (Einzufuegende) Saetze.* 2 str.

- **A 150 (150)** *Fragment (Anfang Fehlt). Ueber Seele und Koerper.* 7 str

- **A 151 (151)** *Weisheit (Altes Aristoteles - Manuskript)* IIa. 11 str und 105 str pag. 23-104.

- **A 152 (152)** *Altes Aristoteles - Manuskript.* II b. 34 bl, zum Teil zusammengeklebt und nicht zusammenhaengend.

- **A 153 (153)** *Philosophie Des Aristoteles.* 2. V. 1876. 21 s (3, 11 fehlt)*.

- **A 154** *Zur Methode Aristot. Studien und zur Methodik Geschichtlicher Forschung auf dem Phil. Gebiete Ueberhaupt.* 14 s und 2 b, 1 bl. *.

- **A 155** *Gegen Zellers Schrift "Ueber Die Lehre des Aristoteles von der Ewigkeit des Geistes"* 7 b, 1 bl *.

- **A 156** *Inhaltsangabe der Nik. Ethik I.*

- **X A 157** *2 Kopien: Ueber Aristoteles aus Einem Brief an Kastil.* 5 Briefb.

- **X A 158** *Aritotelische Studien* 2 bl *.

- **A 159** *Zur Aristotelischen Kategorienlehre.* Vorarbeiten zu "Mannigfache Bedeutungen des Seienden bei Aristoteles". 90 Bl. *

BOOKESS